Le choix d'aimer

LE CHOIX D'AIMER

Martine Guidoni

Le choix d'aimer

Copyright © 2016 Martine Guidoni

All rights reserved.

ISBN: 978-2-9556121-0-1

DEDICACE

A mes enfants, Sandie, Florent, Fabien et Lise, en espérant que vous ferez toujours en toutes circonstances le choix d'aimer, d'avoir confiance dans la vie, les autres et vous-mêmes, et ainsi en comprendrez le sens.

Tableau en couverture :
« Les favorites »
Artiste : Alexandre Gianninelli

Le choix d'aimer

TABLE DES MATIÈRES

Préface	6
Aux enfants	9
Les débuts d'une relation	15
Rencontre de deux étrangers	16
Notre rencontre	20
17 mois plus tard	22
Découverte	25
Révélations	27
Les moments de bonheur	29
Plaisir d'aimer	30
Bonheur	32
Habitudes	34
Harmonie	36
Pensée journalière	38
T'aimer tel que tu es	40
Confidence nocturne	43
Faire l'amour	45
Les remises en question	47
Coup de blues	48
Amour inconditionnel	50
Réaliser ses rêves	52

Le choix d'aimer

Blocage	55
Passion cérébrale	57
Solitude	59
Restons amis dis tu	61
Apprendre à aimer	66
Eloignement	68
Le sens de la vie	71
Le chagrin	73
Disputes	74
Chagrin d'amour	76
Conflits	78
Malentendu	80
Passion dévorante	82
Séparation	85
Rupture	87
Le réconfort	91
L'interprétation des signes	92
Te reconstruire	96
Tu vas guérir	98
Force	103
Remerciement	106
S'aimer chaque jour davantage	108
Sérénité	110

PRÉFACE

Cet ensemble de lettres n'est autre qu'un roman d'amour.
Tel qu'au quotidien chacun peut le vivre.
Cascades de situations sentimentales qui font l'expérience humaine.

Au gré de son humeur, des circonstances,
on peut trouver dans ces textes, la petite lumière,
Situations vécues, émotions ressenties où l'on peut se reconnaître,
Nécessité de mettre des mots sur des pensées que l'on a eues, souvent pas osé, pas su ou pas voulu exprimer.

Revivre quelques moments de sa propre existence,
Se remémorer l'intensité des joies et des peines que la vie dépose au détour des chemins,
S'approprier pourquoi pas, certains passages,
pour fixer sa propre pensée ou son émotion.

Le choix d'aimer

Par les mots, trouver ou retrouver, le plaisir des sentiments, des émotions partagées,
transformer les difficultés, les non-dits, le mal vivre en construction du lendemain,
Croire en l'amour et la réconciliation mutuelle,
Dans cet amour, grandir enfin dans la voie de la sagesse peut-être et de la sérénité.

Le choix d'aimer

AUX ENFANTS

« Celui qui par quelque alchimie sait extraire de son cœur, pour les refondre ensemble, compassion, respect, besoin, patience, regret, surprise, pardon, crée cet atome qu'on appelle l'amour ».

Khalil Gilbran

Vous savez quand on est parents, on doit toujours être forts.
On doit laisser croire aux enfants que l'on va toujours s'en sortir,
Donner l'impression que l'on n'a besoin de rien,
Ne se plaindre jamais.

Ce n'est qu'une impression !
L'Image que l'on doit donner pour que nos enfants Ne soient pas perturbés de nous voir pleurer parfois !
C'est aussi l'image que l'on s'impose, celle du bonheur.
Parce que c'est la seule image sociale que l'on doive montrer.
On y arrive souvent heureusement mais pas toujours.
La vie nous impose des blessures que nous essayons de panser sans toujours y parvenir.
Alors il vous faut être indulgent avec vos parents.

Devenir adulte c'est se trouver face à soi-même, à ses choix de vie
Sortir du cocon de la protection de l'enfance.
Hurler que l'on existe, que l'on veut être aimés et reconnus tels que nous sommes.
Rejeter ce que l'on nous a donné pour reconstruire soi-même, accepter ses erreurs, assumer ses choix.

*Découvrir la fierté du chemin accompli et de ce qu'on est capable de réaliser seul.
S'apercevoir aussi que l'autre, notre parent, est tout simplement humain.
Avec ses grandeurs, ses faiblesses, ses erreurs, a besoin d'amour, d'être encouragé, soutenu.
On ne peut pas toujours donner même si on est parent, car pour cela il faut être soi-même en équilibre, et ce n'est pas toujours le cas.*

*Vous me direz, tout cela est égoïste,
Les enfants sont là, ils n'y sont pour rien.
C'est la réponse que font tous les enfants à leurs parents.
Je vous répondrais que ce n'est pas si simple.
Vos parents aussi doivent apprendre la sagesse et le pardon, rien n'est jamais blanc ou noir mais beaucoup plus nuancé.*

*Nous avons toute une vie pour nous construire.
Nous, parents, aussi nous sommes en construction.
Nous ne sommes pas des piliers inébranlables.
Piliers, de votre sécurité, de votre stabilité nous le sommes !
Mais les constructions les plus solides peuvent s'effondrer.
Il vous faut accepter cela, car c'est votre apprentissage de la vie.*

*Quand on fait un enfant, on s'engage pour la vie,
Mais peut-on imaginer tout ce qu'on traversera ?
Les tempêtes, les égarements, les doutes, les interrogations au cours du long voyage pour vous conduire vers votre vie d'adulte ?
N'aurions-nous droit à aucune faiblesse ?
À vivre un peu pour nous-mêmes aussi ?
Même si vous le croyez, même si vous le voulez,
C'est loin d'être simple et pas toujours possible.*

*Quand on est adolescent, on reproche à la terre entière, et à ses parents en particulier de n'avoir pas été à la hauteur.
On leur reproche, ce qu'ils ont fait, ou n'ont pas fait, ce qu'ils nous ont refusé et auraient dû nous permettre....*

*Mais l'on ne peut empêcher un adolescent de faire ses expériences, de se prendre pour un adulte, d'en vouloir aux adultes.
Parce qu'en devenir c'est se confronter aux réalités, apprendre le renoncement, la frustration à lâcher-prise.
S'apercevoir que c'est grâce à la souffrance que l'on grandit.
Quand on vit dans la béatitude, on ne comprend ni l'univers ni les autres.*

Le choix d'aimer

*On ne fait aucun effort, tout est trop facile.
On ne sait pas qui l'on est.*

*Sachez que l'on ne finit jamais de grandir et
d'apprendre
Que notre vie dépendra de notre vision du monde,
Qu'il suffit de penser positif pour que tout
s'arrange
De penser négatif pour que tout se complique.*

*Nous avons toujours le choix entre l'amour et la
peur.
C'est cela le plus grand enseignement et votre libre
arbitre.
Du choix de l'amour, en toutes circonstances
découleront tous les sentiments positifs
Confiance en soi, estime de soi, joie, enthousiasme,
espoir .....
Du choix de la peur découleront tous les sentiments
négatifs qui paralysent.
Cette perception doit être dans votre esprit à
chaque instant
Surtout dans les moments de doute et de
découragement.*

*Pour vous aider à faire le bon choix
Laissez-moi vous enseigner une seule règle
Celle de la « rectitude », qui fonda l'Égypte*

ancienne, celle de la déesse Mâât.
Celle des bouddhistes, des sages, la recherche du juste, du bon, de l'équilibre, le respect de soi et d'autrui et de la vie sous toutes ses formes.
Cette règle seule suffira à vous conduire dans chaque moment de votre vie.
Elle vous assurera de ne jamais vous tromper.
Mieux que cela, elle vous conduira sur la voie de la sagesse et de la sérénité.
Elle vous permettra de trouver le bonheur.
« Vous devez être le changement que vous voulez voir dans le monde », disait Gandhi.
Vous pourrez être alors meilleur parent, amant ou ami que les vôtres ne l'ont été.
Vous découvrirez l'indulgence, le pardon, la tolérance et tous les sentiments que le choix de l'amour vous aura inspirés.

Alors vous trouverez que vos propres parents n'étaient pas si mauvais.
Vous leur accorderez le droit à l'erreur et retrouverez avec eux la complicité et l'amour.

Le choix d'aimer

LES DÉBUTS D'UNE RELATION

> « Nous nous arrêtons un instant pour nous rencontrer, nous regarder, nous aimer et partager. Ce moment est précieux mais il est passager. C'est une parenthèse dans l'éternité. Si nous le partageons avec attention et amour, le cœur lumineux, nous créerons l'abondance et la joie les uns pour les autres. Alors ce moment aura été digne d'être vécu. »
>
> Dtr Deepak CHOPRA

Le choix d'aimer

Rencontre de deux étrangers

Avec vous, j'ai eu dès les premiers instants une attitude insouciante.
J'ai besoin néanmoins de vous dire que cela ne me ressemble pas.
C'est la raison pour laquelle je vous écris aujourd'hui.
J'ai vu en vous le besoin de vous reconstruire sentimentalement, tout comme moi.
Comme vous toute ma vie, je n'ai osé me laisser aller.
Comme vous, j'ai craint à nouveau de m'engager.
D'ailleurs est-ce bien nécessaire ?
Nous sommes tous deux en âge de savoir ce que nous voulons et n'avons plus besoin, j'espère de faux semblants.
Je crois comprendre ce que vous ressentez pour l'avoir ressenti aussi.
Vous pensez, c'est votre mot :
Que tout ne soit qu'illusion, à quoi bon s'attacher si ce n'est pour souffrir inutilement ?
C'est également ce que je pense.
En raison de cette crainte, j'ai toujours cru qu'exprimer ma pensée et dévoiler mes sentiments était une faiblesse dont on pourrait se servir contre moi.

Le choix d'aimer

*Aujourd'hui c'est la première fois que j'ose écrire à un homme et je me sens maladroite.
Mais cet éloignement m'a permis de sortir de mon déni.
Au-delà de tout, je vous demanderais d'être mon guide.
Conduisez-moi vers la lumière de moi-même.
Car en vous rencontrant j'ai pensé que vous m'aideriez à la faire émerger !
J'espère vous apporter également en retour une parcelle d'émerveillement.
Nous nous sommes désirés dès le soir de notre rencontre.
De cette rencontre a résulté un plaisir que j'espère partagé.
Excusez-moi, je sais que les aventures sans lendemain existent, que c'est probablement ce que je suis pour vous.
Mais je ne peux partager une telle intimité et l'oublier aussitôt.
Ne vous méprenez pas sur la nature de mes propos, je ne cherche pas à m'accrocher à vous.
Comprenez ma démarche !
Au-delà de la relation sexuelle que nous avons eue, vous m'êtes précieux et je souhaiterais être au moins votre amie.
Dites-moi simplement, clairement, franchement, la nature des relations que vous souhaitez conserver*

avec moi.
Toute forme de relation me conviendra plutôt que de vous perdre.
Pourquoi éteindre notre premier mode de communication ?
Nous pourrions apprendre à nous connaitre sans nous faire les illusions que vous craignez tant.
Toutes formes de relations sont possibles quand elles sont sincères et partagées.
J'attends de vous la sincérité d'individus responsables, la compréhension mutuelle possible d'une histoire de vie semblable.
Je vis la distance que vous mettez entre nous comme une forme de mépris et ne peux suivre le chemin de ma reconstruction dans la douleur.
Vous m'ignorez avec une telle aisance, je dirais même plus :
Plaisir subtil, de celui qui veut se débarrasser sans oser.
Vous espérez sans doute que je finirai par me lasser, ne plus appeler.
Vous m'avez crue dans une illusion, mais ce n'est pas le cas.
J'étais tout simplement moi-même en train de me laisser aller enfin.
Aujourd'hui, j'ai du mal, mais du plaisir à vous écrire.
Je me libère de ce que j'ai en moi depuis toujours,

*que je ne savais pas faire ou avais honte
d'exprimer.
Vous écrire m'a permis de me rendre compte que
vous m'avez apporté plus que je ne l'espérais.
Je vous en suis donc reconnaissante.
Être capable d'être soi-même et le dire est une
découverte tellement merveilleuse que je tenais à
vous la faire partager.
J'espère donc à nouveau, avec ou sans vous, mais
avec votre aide pouvoir continuer ce chemin vers la
sérénité à laquelle nous aspirons tous.
Celle-ci passe nécessairement par des relations
humaines harmonieuses, quelle qu'en soit la
nature, peu importe, la page est blanche.
Tout est à écrire.
Laissons-nous aller, voulez-vous ?*

Le choix d'aimer

Notre rencontre

Comme promis je t'écris.
Je tiens toujours mes promesses.
Je voulais te dire par écrit combien je t'apprécie.
Les écrits restent et tu es nettement plus méritant que certains qui n'ont pas su l'apprécier.
Notre rencontre n'est pas due au hasard !
Tu disais, c'est bizarre que l'on ne se soit pas rencontrés plus tôt, je dirai que c'était voulu, car auparavant le moment n'était pas opportun.
Elle s'est produite au moment précis ou tu as eu besoin de moi et/ou j'ai eu besoin de toi.
Mon histoire précédente ne se serait probablement pas réglée si tu n'avais pas été là.
J'aurais été beaucoup plus fragilisée.
Je trouve que je ne suis pas assez aimante avec toi, en même temps nous avons une complicité assez étonnante pour une histoire aussi récente!
Sans doute cela aussi a-t-il été écrit, car ce sont les circonstances et non nous-mêmes qui ont décidé que nous devions tout partager quasiment dès le premier jour.

Pour une situation qui est finalement subie plus que choisie,
Il est particulièrement étonnant que nous la vivions

aussi bien :
Avec autant d'investissement mutuel, mais surtout autant d'enthousiasme au point de vouloir prolonger nos nuits…..
Bien que je n'ose y croire, cela ressemble beaucoup à une histoire qui va durer.
Mais nous ne le saurons que quand nous pourrons connaître la nature exacte de notre relation.

17 mois plus tard

Un attachement certain existe désormais entre nous, pourtant tu t'efforces consciencieusement de le détruire.
Sans doute y parviendras-tu tant tu t'acharnes.
Ne serait-il pas plus agréable de se laisser aller à le vivre tout simplement ?
Me faire de la peine gratuitement ? Pourquoi ?
Je peux comprendre que tu étouffes parce que tu as peur de te sentir prisonnier, mais la peur et la prison n'existent que dans ta tête !
Ne pourrais-tu pas y ranger plutôt le simple désir de plaisirs et d'émotions partagées ?
Moi, je ne vois que cela à travers toi ?
Je n'ai d'autre désir après le travail que de me détendre et te retrouver.
Je ne pense pas à l'avenir.
Il ne m'intéresse pas.
Nul ne peut savoir où il sera ni de quoi sera fait demain.
La vie décide souvent à notre place.
Je me concentre sur chaque jour passé à vivre en pleine conscience que ce jour-là et tous les autres doivent être vécus pleinement et sereinement.
Je refuse le médiocre, le sordide, les conflits, les disputes épuisantes et inutiles.

Le choix d'aimer

Je construis autour de moi un univers protégé de la médiocrité et de la perversion.
Je ne veux penser qu'à distribuer du bonheur autour de moi et en tirer ainsi mon propre bonheur.
C'est en dispensant du bonheur que l'on grandit en sagesse et en sérénité.
Apprendre à donner plus que recevoir donne non seulement un sens à la vie, mais aussi un sentiment de plénitude et d'élévation.
L'émotion partagée, la vibration qui donne la sensation d'être et d'avoir droit à une parcelle d'éternité !
Je n'ai pas peur, ni de te perdre ni de te garder.
Je ne me sens pas prisonnière,
Même si déjà trop souvent, tu m'as fait de la peine.
Je vis chaque jour intensément en remerciant Dieu de me donner le bonheur d'aimer.
En relisant ci-dessus les premiers mots que je t'ai adressés et en relisant aussi ta réponse, je m'aperçois à quel point cette relation était faite pour être intense et constructive.
Ne la vide pas de sa substance et de sa raison d'être, simplement pour te donner un faux sentiment de liberté.
Nous avons encore des choses à faire ensemble :
Ton épanouissement personnel, tout proche, que je veux partager avec toi !
Ensuite nous verrons !

Le choix d'aimer

Mes projets d'avenir ne vont pas plus loin.
Laisse-moi les rêver et les vivre pleinement.
Nous conserverons alors tous deux quoiqu'il arrive
un souvenir ému d'une relation passionnante et
passionnée même si elle n'est pas éternelle.

Découverte

Quand je t'ai vu pour la première fois j'ai su que c'était toi !
Toi qui ferais basculer ma vie.
Toi à qui je pourrai révéler le plus profond de mon âme.
Quand je te le dis, je trouve cela un peu idiot.
Comment est-il possible que seulement en voyant une personne on préssente déjà autant de complicité, autant d'harmonie ?
Ne faudrait-il pas plutôt attendre de savoir à qui l'on a à faire, avant de projeter sur autrui tous ses espoirs, toutes ses attentes ?
Finalement, c'est peut-être tout simplement cela que l'on appelle l'amour.
Cette magie, cette alchimie, cette pré science que nous avons de l'autre
Comme si nous l'avions toujours connu.
En te connaissant mieux pourtant, j'ai trouvé en toi ce que j'y avais vu dès le premier regard.
J'y ai encore découvert bien d'autres choses, mais cette première sensation ne s'est jamais démentie.
C'est à ce genre d'émotion non palpable, non explicable que l'on comprend que sur terre,
Rien n'est jamais dû au hasard.
Et surtout pas les rencontres les plus marquantes de

nos vies.
De toi, je sais que j'accepterai ce que je n'ai jamais accepté de personne.
Je sais que je te regarderai toujours avec émerveillement, avec amusement, même dans les moments parfois difficiles que nous allons traverser.
Car il y en aura des embûches, des doutes, des remises en question peut-être aussi des trahisons, des découragements, des lassitudes.
C'est le lot sans doute de toute relation qui s'inscrit dans le temps, et de la nécessaire acceptation de la différence de l'autre.
Mais, c'est parce qu'à mes yeux tu es unique, que je te regarderai toujours avec mon regard du premier jour.
Que je veux ne jamais oublier, même dans les pires moments de découragement à quel point tu m'es devenu nécessaire.

Révélations

On m'a dit que dans ma façon d'être et d'aimer j'ai un millénaire d'avance.
Peut-être alors ne suis-je pas de cette planète ?
Ou bien me suis-je réincarnée depuis l'antiquité, je n'aurai alors pas grand mérite si j'avais 3000
Ans !
En tous cas, cela présenterait l'inconvénient majeur d'avoir peu de chances de rencontrer mes contemporains.
Je te ferai donc une confidence tendancieuse il est vrai …….
Si je trouvais un homme capable de m'aimer comme je t'aime et de me le dire comme je te le dis, je l'épouserais aussitôt.
D'ailleurs, je me demande comment tu peux résister à un tel rayonnement ?
Trêve de plaisanterie, je dois t'avouer que j'ai une botte secrète :
Il ne faut jamais avoir peur d'aimer !
Tant de gens croient que l'amour est une faiblesse, alors que c'est une aspiration essentielle au besoin d'élévation de l'être humain, et à sa quête d'éternité.
Aimer et être aimé est un besoin primaire au même titre que boire et manger.

Le choix d'aimer

On a longtemps cru qu'il s'agissait d'un besoin secondaire.
Puis, certaines expériences sur les bébés ont démontré que s'ils sont soignés correctement, mais sans amour, ces enfants présentent très vite des signes graves de dépression.
Allant jusqu'à se laisser mourir en refusant de s'alimenter.
Les animaux de compagnie eux-mêmes nous donnent souvent des leçons de fidélité et d'amour inconditionnel.
Un chien ne se laisse-t-il pas mourir en l'absence de son maître ?
Nous les humains, nous avons je crois, encore beaucoup à apprendre en matière d'amour.
Je n'ai le mérite finalement que de me laisser aller à mon instinct.

LES MOMENTS DE BONHEUR

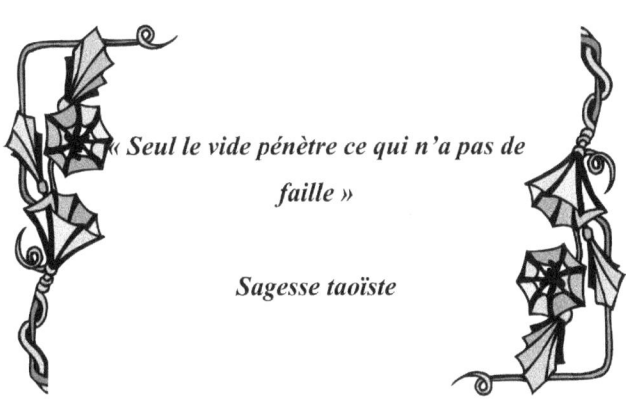

« *Seul le vide pénètre ce qui n'a pas de faille* »

Sagesse taoïste

Plaisir d'aimer

Pourquoi as-tu tant de mal à croire que je puisse t'aimer simplement pour le plaisir d'aimer ?
Sans rien attendre en retour ?
N'as-tu donc jamais connu une relation pure et désintéressée ?
Le propre du don n'est-il pas pourtant d'être gratuit ?
Le fait de pouvoir t'offrir cela est alors pour moi une joie supplémentaire.
C'est probablement pourquoi il a fallu que nous nous rencontrions.
J'ai tant d'amour à donner.
J'ai compris que nous sommes sur terre uniquement pour cela, et toi, tu as peur d'aimer.

Si malgré la force et l'amour que je t'insuffle chaque matin pour éclairer tes journées
Si malgré la paix que tu trouves auprès de moi, tu sombres encore dans les turpitudes où tu as vécu jusque-là.
Alors je ne pourrai plus t'aider, car l'on n'aide pas les gens malgré eux.
La vie nous impose souvent de contrarier notre nature.
Moi qui suis de la lignée des grands romantiques.

Moi qui aurais dû être la femme d'un seul homme.
Me voilà Poly hommes!
Par la force du destin, amoureuse de plusieurs hommes en même temps !
Mon ex, que j'ai trop aimé pour qu'il n'en reste pas des vestiges archéologiques.
Toi, mon rêve et mon inspiration avec qui pourtant je ne partage rien.
Celui qui partagera à nouveau ma vie et que j'aime déjà, rien qu'à cette idée !
Il m'a bien fallu m'adapter à ce qui m'a été imposé et j'ai même fini par y prendre goût.

Bonheur

*Chaque jour je m'éveille et te vois près de moi.
Alors je m'émerveille seulement de te voir.
D'apprécier cette chance immense et pourtant si simple que la plupart des gens ne pensent même pas à remercier et apprécier, le bien, sans doute le plus précieux qui leur est offert : aimer, tout simplement.*

*Combien de temps crois-tu que je consacre à t'envoyer un mail chaque matin ?
Pas plus de 5 minutes, mais ces minutes-là sont tellement intenses, tellement précieuses qu'elles sont à elles seules des parcelles d'éternité.
As-tu déjà rencontré un tel niveau de communication ?
Tous les ingrédients sont réunis :
Un grain de folie, un soupçon de fantaisie, une bonne dose d'humour, et tout cela mêlé à une forte proportion de créativité.
Des échanges pétillants, rafraîchissants et pourtant profonds.
Pourtant habituée à un milieu d'intellectuels, je me suis souvent ennuyée avec eux, souvent rigide, là il y a tout, tout ce qui conduit au plaisir, à l'étincelle.
Chaque mail de toi est une nouvelle source*

*d'énergie, un fourmillement d'idées.
J'ai un plaisir infini à te lire, à imaginer l'état
d'esprit dans lequel tu te trouves devant ta machine
en train de sourire en pensant à moi.*

Le choix d'aimer

Habitudes

*As-tu remarqué que je t'écris chaque matin
sensiblement à la même heure ?
Sais-tu pourquoi ?
Pour que ton réveil soit illuminé et que ta journée
soit positive !
C'est également ta nourriture spirituelle pour le
petit déjeuner.
Elle présente l'immense avantage d'être très light.
Quand je pense que mes mails ne te parviennent
pas toujours ?
Ou que tu ne les lis que beaucoup plus tard.
Cela me déprime et je crains de ne jamais
m'adapter à ce genre d'outil que je trouve muet,
castrateur, et affreusement torturé dans son
fonctionnement.
Un mot ou une pensée, se diffusent à la vitesse de la
lumière, cela atteint son objectif au moment précis
où l'énergie est dispensée.
Déposé pendant des heures dans une boite cela
perd toute sa substance.
Enfin je n'ai pas le choix, il faudra donc que je
m'adapte.
Essaye quand même de les lire au petit déjeuner.*

Je n'aime pas me laisser enfermer dans les

*habitudes et ce mail journalier en devient une.
Mais te transmettre une pensée par jour est un réel plaisir et tu ne m'as laissé que les mots pour m'occuper de toi !
Il faut donc bien que j'en use et en abuse.*

Si tu as l'intention d'y répondre alors le plaisir n'en sera que plus grand et pour tout dire inespéré.

Le choix d'aimer

Harmonie

On ne trouve l'harmonie que quand il y a communion.
Celle-ci peut être physique ou spirituelle, mais toute vie sentimentale est un échec tant que le corps est dissocié de l'esprit.
Notre relation, si elle n'est aujourd'hui que spirituelle, n'en est pas moins parfaitement harmonieuse.
Une relation sexuelle doit être le résultat, l'accomplissement d'une union qui existerait déjà au niveau supérieur.
Elle ne peut être le résultat d'un raisonnement, celui-ci empêche l'élan du cœur.
Elle ne peut qu'être le résultat d'une émotion.

Une relation humaine ne ressemble à aucune autre.
Ne gâche pas cette magie qui nous lie, en transposant des schémas classiques.
Nous nous situons ensemble dans un champ encore inexploré.
Dans une dimension supérieure et originale.

Vis notre relation pleinement comme je le fais ne freine pas tes élans ni les miens.
Vis-les si tu les éprouves, mais ne transpose pas

dans notre histoire tes peurs précédentes.

Quand tu seras enfin capable de te laisser aller à tes émotions, alors, et alors seulement notre relation sera complète, et l'harmonie sera totale.

Pensée journalière

Quand je sais que la lecture est un de tes loisirs préférés, j'imagine avec délectation le plaisir que tu dois avoir, chaque matin à lire quelque chose qui n'a été écrit que pour toi.
Si de temps en temps tu te mets à répondre, alors l'échange deviendra tellement plus riche, que je n'aurai pas assez de ce millénaire pour tout te dire.

Je ne peux vivre une journée sans te transmettre une pensée.
C'est que penser à toi envahit mon univers :
J'avais une vie sereine et bien remplie, mais absente d'émotions.
Quand l'ouragan « TOI » est arrivé, chargé d'émotions.
Il a soulevé cette sérénité, troublé cette quiétude ?
Mais il a permis à la vie de reprendre son cours.
Merci encore pour tout cela et merci pour ce qui est à venir.

Te rends-tu compte qu'à nous deux nous sommes presque en capacité d'appréhender l'univers ?
TOI: Les sciences exactes, le rationnel; le monde physique, l'univers des nombres.
MOI: Les sciences humaines, l'irrationnel, le

*monde métaphysique, l'univers des mots.
Il ne s'agit pourtant que de la lumière de l'esprit,
celle qui compte est celle du cœur.
La raison seule freine les élans, mais la raison liée
à l'émotion conduit à l'illumination.*

*C'est dans notre rencontre que j'ai trouvé
l'illumination.
Comment pourrais-je désormais passer une journée
sans me nourrir de cette lumière ?
Combien de temps crois-tu que je consacre chaque
matin à t'écrire ?
Pas plus de 5 minutes, mais tellement intenses,
tellement nourrissantes, qu'elles sont à elles seules
des parcelles d'éternité.*

Le choix d'aimer

T'aimer tel que tu es

Je t'aime toi, dans tout ce que tu es et je respecte ce que tu es et ce que tu veux.
Je ne suis pas amoureuse de toi.
Je ne suis pas jalouse et possessive.
Personne n'appartient à personne, je n'ai pas ce genre d'illusion.
Nous ne sommes ensemble que parce que nous le voulons.
Parce que nous renouvelons ce choix chaque jour.

C'est cela qui rend notre relation magique et lumineuse.
C'est aussi ce qui fait la différence avec ce que tu as connu.
Alors, ne détruis pas ce bonheur, car c'est ton bien le plus précieux.

Je ne crains pas non plus la concurrence.
Je sais ce que je suis, ce que je veux, ce que je vaux.
Bien sûr il y a partout des femmes plus jeunes, plus belles, plus intelligentes, plus...
Mais pourront-elles t'offrir tout ce que je t'apporte ?
Pourrez-vous trouver ensemble l'harmonie que

Le choix d'aimer

nous avons trouvée ?

Il y a peu d'êtres sur terre avec qui l'on s'entende réellement.
C'est une alchimie complexe et rare.
Tant de gens n'ont pas conscience des chances qui leur sont offertes.
Ils croient que cela peut se reproduire souvent, qu'ailleurs l'herbe est toujours plus verte.
C'est en oubliant d'apprécier ceux qui sont là et ce qu'ils ont, qu'ils en oublient d'être heureux.

On voit des Reality shows à la télévision, des garçons ou des filles quittent leur compagnon à l'écran, parce qu'ils ont peur de le faire dans la vie.
De surcroît, ils les remplacent simultanément par d'autres, qu'ils ne connaissent que depuis quelques jours .....
Peu importe qui a tort ou raison, ni quels sont les motifs !
Ce n'est pas celui qui est lâchement et honteusement quitté que je plains.
Il n'a rien perdu si l'être aimé ne l'apprécie pas en retour.
Je ne voudrais jamais rester avec quelqu'un qui désire être avec une autre.

Le choix d'aimer

Non, je plains celui qui quitte l'autre, sans avoir essayé de lui parler, sans avoir essayé de lui donner sa chance.
Surtout pour se jeter dans les bras d'un inconnu.
Car nul n'est parfait, chaque être a ses défauts, la perfection n'est pas de ce monde.
Le nouveau venu a l'attrait de la découverte, mais il dévoilera très vite aussi ses défauts.
Alors sans doute ne correspondra-t-il plus à nos attentes, ne satisfera-t-il plus les espérances
Certes, il faut bien se résoudre à se séparer de celui avec qui l'on ne s'entend plus….
Mais pas pour un inconnu, et pas en public.
Il faut respecter autrui et à fortiori celui que l'on a aimé et qui nous aime encore.
Car c'est avant tout soi même que l'on perd dans cette quête incessante de la perfection ailleurs.

Je ne te quitterai jamais pour un autre, car ce ne serait pas être en accord avec moi-même.
Pourquoi être avec toi si la rencontre avec un inconnu suffit à faire basculer ma vie ?
Je ne te quitterai s'il le faut, que quand j'aurai le sentiment, la certitude d'avoir tout essayé.
Et même alors, j'aurai à la bouche l'amer goût de l'échec.
Car si c'est toi que j'ai choisi, ce n'est pas pour que tu sois quelqu'un d'autre.

Le choix d'aimer

Confidence nocturne

Il faut que tu saches que c'est la nuit que j'ai le plus besoin de toi.
C'est sans doute absurde, car la plupart du temps me diras-tu, je ne fais que dormir.
Eh bien, justement c'est cela qui m'est le plus nécessaire.
Il me faut te sentir près de moi pour être rassurée, pour m'endormir si je suis inquiète.
Pour me rendormir si je suis brusquement réveillée.
C'est de ta chaleur dont j'ai besoin.
Cette chaleur humaine simple et douce, que tu dispenses sans le savoir et sans le vouloir.
Ta chaleur seule suffit à me redonner espoir et confiance.
À trouver le havre de paix dont j'ai besoin à la fin de la journée.
Te sentir près de moi, me blottir dans tes bras me procure un sentiment de plénitude et de sécurité.
J'ai alors le sentiment de devenir invincible.
Que rien ne peut m'atteindre tant que je suis contre toi.
S'il m'arrive de faire des cauchemars et de me réveiller en sursaut, le simple fait de te sentir près de moi, me permet de me rendormir aussitôt.
C'est pour moi ce qu'il y a de plus agréable dans la

vie à deux.
La douceur de mes nuits me permet de mieux affronter les jours.
Calculer les années ce n'est rien, mais espérer chaque année passer 365 nuits près de toi, c'est déjà une conception de l'éternité.

Grâce à ce bonheur simple que je ne manque jamais d'apprécier.
Je te témoigne ma gratitude le jour, en te communiquant mon enthousiasme et mon énergie.
Tu crois que c'est ma nature, mais en réalité, je me nourris de toi.
Mon énergie c'est ta chaleur.
Mon enthousiasme, la paix que tu m'apportes !
Reste toujours près de moi, car jamais plus je ne pourrai dormir sans toi.
Vivre sans doute, il le faudra bien, mais dormir, impossible je le sais.

Faire l'amour

Quel grand mot que celui-là !
Tant employé et pourtant en connaît-on bien le sens ?
Je voudrais t'en donner ma définition :
Il est l'harmonie, la communion, la volupté, la sensualité.
Il exige affection, attention, concentration pour offrir émotions et vibrations.
Il est à lui seul notre aspiration existentielle à nous dépasser, à nous élever.
Il était depuis la nuit des temps, dans les religions des plus anciennes cultures le moyen de rencontrer DIEU.
À travers la communion du corps et de l'esprit, l'homme peut toucher du doigt, quelques instants magiques qu'il est une parcelle d'éternité.

En t'écrivant ces mots, en te les dédiant, parce que c'est toi qui me les inspires, j'ai le sentiment de te transmettre et de vivre ces émotions.

Le choix d'aimer

LES REMISES EN QUESTION

*« Une période d'échec
est un moment rêvé pour semer les
graines du succès. »*

Paramahansa Yogananda

Coup de blues

Je n'ai pas la force ce matin de t'insuffler la lumière habituelle.
Dans ce cas, me diras-tu, je ne devrais pas t'écrire.
Mais je ne peux ni ne veux rester sans contact avec toi.

Après une confusion les premiers jours
Dans l'interprétation des signes, j'ai compris que nous avions été mis sur la même route au moment où nous en avions le plus besoin.

Je dois t'apporter mon enthousiasme, ma joie de vivre, te redonner le souffle et l'impulsion de t'en sortir
Mais c'est à toi de faire le chemin.

Pourtant tu t'appuies sur moi comme une béquille et c'est vrai que j'en suis une la plupart du temps.
Mais j'ai besoin d'être rassurée sur ton sort.
Et j'ai besoin aussi parfois que tu t'occupes de moi.

Pour te donner toujours la force de mon amour j'ai besoin que tu ne te renfermes pas sur toi-même.
Que tu t'ouvres à moi comme je n'hésite pas à le faire chaque jour sans pudeur.

Le choix d'aimer

*Parce que toi aussi tu es mon souffle, mon énergie,
et que sans toi, je perds l'inspiration.*

Amour inconditionnel

Une amie m'a demandé un jour en parlant de toi :
« N'as-tu pas peur qu'il soit avec toi par intérêt ? »
En réalité je n'ai pas été surprise de la question.
Je sais bien que la plupart des gens pensent ainsi.
Que souvent, ils vivent dans cette crainte.
Mais moi, vois-tu, je ne pense pas les choses comme ça.
Je ne vis pas dans la peur, jamais.
Je lui ai répondu que je n'avais pas cette crainte.
« Bien sûr qu'il est avec moi par intérêt, parce que je suis très intéressante… ».
Connais-tu des gens qui ne te fréquentent pas par intérêt ?
Connais-tu des gens qui te fréquentent si tu ne les intéresses pas ?
Fréquentes-tu des gens qui ne t'intéressent pas ?
Tout le monde fréquente toujours tout le monde par intérêt !
Fréquenter quelqu'un par intérêt n'est pas incompatible avec les sentiments, ni même avec la sincérité et l'authenticité.
Quel mal y a-t-il à ce que l'on nous apprécie pour ce que nous sommes, ou ce que nous avons ?
Bien sûr que les autres nous apprécient pour ce que nous avons à leur offrir.

Tout comme nous les apprécions pour ce qu'ils nous apportent.

Crois-tu que l'on doive se transformer en clochards pour être sûrs d'être aimés pour nous-mêmes ?

La crainte de tous les riches est de n'être aimés que pour leur argent.

Mais sans doute le sont-ils aussi pour cela. Quel mal y a-t-il ?

Nous sommes aimés pour tout ce que nous avons à offrir.

C'est précisément cela nous aimer tels que nous sommes.

Pourquoi devrions-nous avoir peur d'être appréciés pour une chose ou une autre, quelle qu'elle soit ?

Je pense plutôt qu'il sait apprécier tout ce que je suis, tout ce que j'ai, tout ce que je lui apporte.

Je ne peux donc que lui en être reconnaissante, et grâce à cela, ne l'en aimer que davantage.

Réaliser ses rêves

Oublie de bien traiter ceux qui t'aiment et tu seras mal traité par ceux que tu aimes.
Tu rêves que tu es un prince qui doit rencontrer une princesse charmante.
Capable de s'assumer elle et les enfants que tu lui feras.
Pendant ce temps, tu ne vois pas ou refuses de voir ce que tu as.
Le lien qui nous unit est réel, celui avec la femme de tes pensées n'est qu'un rêve.

Il te faudra admettre que les rêves ne sont pas la réalité.
Il faut accepter de regarder la vérité en face.
Souvent d'ailleurs la réalité est un autre rêve réalisé, mais qu'on a seulement oublié de l'apprécier.

Il est vrai que tu n'as rien eu à faire.
Tu t'es laissé porter par les évènements.
Mais le moment est arrivé où, tu vas devoir décider ce que tu veux faire de ta vie.
Décider d'influer sur le cours de ton existence.
Je n'ai pas d'inquiétude, je sais ce que je suis, et que tu l'apprécies ou non ne changera rien à ce qui

Le choix d'aimer

est.

Il te faudra faire ce choix, sans doute difficile, de combler par des pensées positives la vacuité de ton existence.
Il te faut désormais faire le choix non pas entre moi ou une autre, mais entre rêver ta vie ou la vivre.

Tu cherches à donner un sens à ton existence, ce sens on le découvre en distribuant du bonheur autour de soi.
Et en en tirant ainsi son propre bonheur.
En refusant le médiocre et le sordide, en aspirant à grandir en sagesse et en sérénité.
Mais aspirer à s'élever n'est pas incompatible avec apprécier ce que l'on a.

Le secret du bonheur est de renoncer à ce qu'on ne peut pas avoir.
Accepter ce que l'on ne peut pas changer, et surtout savoir apprécier ce que l'on a.

Quand en pensant l'un à l'autre on ne peut s'empêcher de sourire cela s'appelle l'harmonie.
C'est une chance extraordinaire de la rencontrer ;
On n'a pas le droit de refuser de la vivre.
On ne peut que réaliser le bonheur qui nous est offert.

Le choix d'aimer

*Il est d'autant plus précieux qu'il est rare et fragile,
fugace et volatile, mais toujours en toi.
Ne va pas le chercher ailleurs.
Il est déjà là !*

Blocage

Ce qu'il y a de plus étonnant chez toi, c'est souvent cette attitude immédiate de blocage dans la plupart des situations.
Puis aussitôt, cette ouverture qui te permet de dépasser ta réaction première.
C'est précisément là que se trouve la lumière.
Chez la plupart des gens, ces réactions de blocage sont insurmontables.
Il leur faut parfois une vie pour s'en libérer.

Chez toi, la brillance et l'ouverture de ton esprit te permettent de réajuster cette tendance.
Et ainsi d'avoir malgré tout la réaction adaptée à la situation.
C'est là que tu es perméable, là que mes messages parviennent à t'atteindre.

La plupart des esprits binaires et cartésiens dont tu fais partie ont une logique concrète et formelle que je trouve restrictive.
Selon eux 1 + 1 = 2.
Il n'y a pas d'autres solutions possibles.
Les esprits plus analytiques et intuitifs, ceux qui s'intéressent aux sciences humaines par exemple, répondront : « quoi que ? «

Le choix d'aimer

Tu sais faire preuve d'une réactivité étonnante et percevoir, qu'il peut y avoir d'autres formes de raisonnement, pour arriver sur le même chemin que toi.
C'est dans cet espace de réflexion que je compte bien me situer, pour faire progresser ta pensée vers des sentiers inhabituels.
Qui sont pourtant ceux qui dorment au fond de toi et attendent d'être explorés depuis trop longtemps.
En matière de relations humaines, le rationnel ne permet pas d'appréhender les situations.
L'émotionnel est trompeur lui aussi.
Ce qui fonctionne vraiment, c'est l'intuition.
Cette faculté particulière qu'ont les femmes de percevoir les réalités au-delà des apparences et qui leur permettent de comprendre avec acuité
Le cœur des hommes bien plus qu'ils ne sont capables de le faire.

Passion cérébrale

J'espère que mes mails lyriques ne t'effrayent pas trop.
Ils n'ont aucune arrière-pensée.
Je ne t'écris que par plaisir.
J'ai plaisir à aimer et à donner même si ce n'est pas toujours partagé.

Il arrive parfois qu'un homme et une femme soient poussés l'un vers l'autre,
Par une intuition, une interprétation des coïncidences, un sentiment d'avoir affaire au destin.

Tout cela les transporte alors dans un flot d'émotions intenses.
Pas nécessairement un désir physique, mais une relation plus complexe et finalement plus passionnante.

Nous avons tous besoin de communion spirituelle.
Que les émotions ne soient que cérébrales, spirituelles, intellectuelles, mentales, qu'importe !
Elles existent et l'on se sent alors vivant.

Je me passionne pour les gens en général, et

certains en particulier.
J'ai du plaisir à te voir, à t'entendre et cela me suffit.

Laisse-moi ce plaisir de t'envoyer des messages d'amour, c'est que je suis créative.

Notre relation nous a révélé à nous- mêmes, des émotions enfouies depuis longtemps.
Si mes mots te touchent tant mieux !
Si ton cœur s'ouvre, alors tu trouveras la paix d'abord avec toi-même et ensuite avec autrui.
Alors cela suffira à mon bonheur.

Solitude

Je suis toujours étonnée que certains considèrent l'amour comme une faiblesse.
Les relations humaines en général et les relations amoureuses en particulier ne sont jamais aussi simples.
Nous avons tous besoin de vibrer et de vivre intensément.
Même si ce n'est pas toujours facile et parfois douloureux.....
La sérénité n'est pas de se préserver des sentiments et émotions, mais bien plutôt, d'accepter les autres et les choses tels qu'ils sont.
Savoir pardonner, savoir dépasser cela, pour être encore capables d'aimer et d'en sortir grandis.
L'amour comble le seul vide qui soit insoutenable, celui de la solitude.
Tu as comblé ce manque à hauteur de mes espérances, peut-être bien malgré toi, mais parce que tu étais là tout simplement.
J'ai bu ta présence comme une bénédiction divine, chaque jour renouvelée et à laquelle j'avais du mal à croire.
Je m'en suis imprégnée avec toute la passion dont je suis capable, pourtant consciente que sur cette terre rien n'est éternel.

Le choix d'aimer

*Et qu'il me fallait me nourrir de cette bénédiction
pour retrouver mes forces et ma sérénité.
M'en nourrir d'autant plus intensément que le
bonheur finit toujours trop tôt……*

*Rien n'est plus élevé au monde que le don de soi.
Et si le prix à payer est d'en souffrir, je n'y
renoncerai pas pour autant.
Je ne renoncerai pas à être moi-même.
J'ai besoin d'émotions pour me sentir vivante.
Je préfère encore mourir demain plutôt que d'y
renoncer, car vivre sans amour serait ne pas vivre.
J'ai trouvé un sens à ma vie en aimant ceux qui
m'entourent, et certains plus que d'autres il est
vrai.
L'important n'est pas de savoir « qui » j'aime, mais
que j'aime tout simplement.*

Le choix d'aimer

Restons amis dis tu

Ce qui a fait ta force dans notre relation est le fait que dès le premier instant, tu t'es imposé dans ma vie par ta présence permanente.
Tu voulais tout faire avec moi, chacune minute ensemble était un émerveillement.
Le simple fait de boire ensemble le café le matin était un réel plaisir.
Tu m'emmenais au travail et tu étais toujours là.
C'est précisément de cela dont j'avais besoin, moi qui souffrais de solitude sentimentale chronique.
C'est cette présence permanente qui a créé l'attachement que nous avons indéniablement l'un pour l'autre aujourd'hui.
Et non pas un désir physique, d'ailleurs très souvent je t'ai dit que j'aurai préféré n'avoir pas ce genre de relation avec toi.
Car c'est précisément dans ce domaine que tu n'étais pas capable de donner.
Pourtant, peu à peu, tu t'es ouvert, tu t'es laissé aller à vivre tes émotions à travers les miennes que je te prodiguais à profusion.
Jusqu'à ce qu'aujourd'hui, plus que jamais, notre relation devienne satisfaisante dans ce domaine.
Et puis, parce que tu es instable, que tu ne sais pas ce que tu veux.

Que tu as peur de t'attacher, que tu as besoin d'air et de liberté.
Du jour au lendemain, sans motif, tu as commencé à avoir besoin d'aller voir ailleurs.
À vouloir être avec tes copains, dont pourtant je n'avais jamais eu connaissance.
J'ai trouvé bien que ton univers s'ouvre, mais comme en chaque chose il te faut être excessif.
Il t'a fallu du jour au lendemain exiger de moi que nous ne fassions plus rien ensemble, tous les endroits que nous fréquentions me sont devenus interdits.
Tu étais là tous les jours, mais ne voulais plus aller nulle part avec moi.
Jusqu'à ce que même cela ne te suffise plus, et que tu aies encore besoin de me mentir.
Et tout cela encore sans motif, car dès que j'ai senti que tu avais besoin d'air, je t'ai envoyé vivre ailleurs.
Il m'a fallu m'habituer à te voir de moins en moins, à ne plus rien partager avec toi.
Et je l'ai fait par respect pour toi, consciente néanmoins que tu étais en train de piétiner gratuitement tout ce qui faisait que nous avions du désir et du plaisir à être ensemble.
Et pourquoi tout cela ? Quelque chose à me reprocher ? Non !
Mieux ailleurs ? Non ! Tu as perdu la joie de vivre

Le choix d'aimer

que tu avais quand tu étais avec moi.
Aujourd'hui tu dis que tu veux que nous restions amis.
 Parce que, bien que tu veuilles vivre ta vie sans attache, tu te rends bien compte que l'attachement entre nous existe malgré tout.
Parce que tu as toujours autant de plaisir à me voir, autant besoin de garder le lien.
Je suis prête à toutes les formes de relations, à condition qu'elle reste épanouissante pour tous les deux.
Mais vois-tu, nous aurions déjà dû être des amis avant tout !
Cela signifie, le plaisir de s'entendre au téléphone, de manger ensemble, de prendre des nouvelles, de s'intéresser à l'autre et à sa vie.
De lui raconter ses désirs, ses projets, d'avoir envie de partager des vrais moments ensemble, d'être là quand l'autre en a besoin.
De l'appeler dès que l'on a une activité ou une sortie pour réclamer sa présence.
En bref, tout ce que nous aurions déjà dû faire en tant qu'amants, et que tu ne fais plus.
Si nous faisons à nouveau tout ça en ne supprimant que la relation sexuelle, cela ne me pose pas de problème, j'y gagnerai au change.
Si je comprends bien finalement, tu voudrais donc nous enlever la seule chose qui nous restait pour

Le choix d'aimer

me rendre tout ce que tu m'avais déjà enlevé ?
Ne crois-tu pas qu'il y a là une incohérence ?
En tous cas, moi, je suis d'accord !
D'accord pour aller boire un verre avec toi, aller
au restaurant, te voir, t'appeler quand je veux.
Si tu me places sur le créneau du temps consacré à
tes amis, cela me convient très bien !
Car vois-tu ; la seule chose dont j'ai besoin est ta
présence, non pas permanente, mais pour partager
des moments de qualité.
Si pour toi, rester amis n'est qu'une vue de l'esprit,
qu'une formule consacrée, parce que tu ne sais plus
sur quel créneau me mettre ;
Un quart d'heure hebdomadaire consacré à passer
voir si je suis vivante.
Alors, cette relation amicale n'en sera pas une et
ne m'intéressera plus.

Prends garde à ne pas détruire ce que nous avons
de plus précieux, et qui reste valable même amis.
Pour ce qui concerne notre relation sexuelle, je
comprends que tu doives t'y consacrer ailleurs.
Mais comme je ne crois pas que du jour au
lendemain, tu commettes l'erreur de vivre chez une
autre dès les premiers instants.
Il te restera quelques soirées que tu pourrais passer
plus confortablement près de moi.

Le choix d'aimer

*Tu le sais, la seule chose dont j'ai besoin c'est de ta présence et de ton bras pour dormir.
Je ne suis pas jalouse et le statut de maîtresse convient mieux à mon esprit fantaisiste.
Pour faire un peu d'humour, je te dirai que je préfère, que tu trompes ta copine avec moi plutôt que l'inverse.*

*Nous savons tous deux que cela ne peut pas durer bien longtemps, je m'occuperai donc dans le même temps de trouver un autre bras.
Mais vois-tu, les bras dans lesquels on a envie de se réfugier, ne sont pas nombreux de nos jours, et il faut aimer vivre dangereusement....
Il y aura un moment où il te faudra admettre l'idée, que notre relation est magnétique et qu'il n'appartient pas toujours à nos volontés de décider.
Il te faudra accepter de comprendre, qu'un lien avec une personne peut être, non pas une prison, mais un moyen de grandir, une force.
Il faut l'accepter comme une bénédiction et non comme une obligation.
C'est pourquoi moi je m'y soumets en acceptant toutes les relations possibles avec toi tant que tu préserves ce lien.*

Le choix d'aimer

Apprendre à aimer

Tu m'as demandé de t'apprendre à aimer et en même temps tu m'as coupé les bras !
Il est vrai que même paraplégique, je peux encore le faire, mais avoue que c'est plus dur !
Je connais pourtant déjà les maîtres mots de ta guérison : Confiance, tolérance, écoute, communication, compréhension ...
Tu trouveras certainement des tas d'autres femmes, à condition de les choisir sur ces critères !
Quand je t'ai rencontré, outre ce sentiment étrange de te connaître déjà, j'ai découvert un être passionné et donc passionnant, doté de surcroît d'un esprit brillant !
Mais surtout j'ai perçu une lumière intérieure, d'autant plus surprenante que cet état de révolte permanent où tu te trouves, aurait dû l'éteindre.
Cette lumière qui ne demande qu'à émerger, contenue trop longtemps par les mécanismes de blocage en tous genres.
Elle émerge déjà, mais il faudra encore qu'elle te submerge jusqu' à te donner la force et la paix intérieure.
Si ta vie sentimentale ne t'a jamais permis de construire, que tu n'as pas réussi à apprendre à aimer.

C'est parce que tu n'as suivi jusqu'alors que tes impulsions ou ta raison.
Pour apprendre à aimer, il suffit de se laisser aller, à l'émotion profonde d'une vraie rencontre, non avec un corps, mais avec un être.
L'émotion réfléchie qui conduit à l'harmonie.
Pour apprendre à aimer, il suffit de regarder vivre, agir et réagir, ceux qui sont capables d'aimer sans condition.
Il est difficile d'en faire autant, mais cela permet de frôler du bout des doigts, ce que peut être l'amour !
Grâce à cela tu prendras confiance et en sortiras grandi.
L'amour alors, jaillira de ton cœur telle une lumière que tu avais refusé de voir.
Mais qui t'aveuglera désormais et conduira chacun de tes pas !

Le choix d'aimer

Eloignement

La vie nous réserve toujours des moments d'éloignement, d'avec nos enfants, nos parents, nos amis,
Ceux qui partagent notre existence.
Cette situation est parfois choisie, mais souvent subie.
Alors notre notion du temps et de l'espace se modifie totalement.

Depuis que je suis loin de toi, loin de vous, la vie n'a plus de sens.
Je ressens l'absence non seulement comme un vide, mais comme une mise à l'épreuve, pour mieux apprécier ce que tu es, ce que tu m'apportes, ce que nous vivons.
Comme pour mieux me faire comprendre le bien précieux que peut être une simple présence.
La grâce qui m'était accordée de t'avoir près de moi.

Pourtant quand tu étais là, je n'étais pas capable de t'apprécier autant.
Je trouvais normale, parfois pesante ta présence quotidienne.
Je regrettais et souhaitais quelquefois retrouver ma

Le choix d'aimer

solitude.
La nature humaine est ainsi, toujours insatisfaite.
Je me disais, « Quelle joie ce serait de retrouver ma liberté ? N'avoir rien à justifier à personne, de n'avoir plus de contraintes !
Et puis, bien sûr, maintenant que c'est arrivé, je n'aspire plus qu'à te retrouver.
Toute mon énergie, mes pensées sont orientées vers cette attente.
Je perds tout le bénéfice de cette liberté retrouvée, car nul n'est libre quand ses pensées sont ailleurs.
Je découvre que ma vraie liberté était d'être avec toi.

Et comme en chaque chose je m'efforce de voir le meilleur.
Je comprends que grâce à l'éloignement, je t'ai redécouvert.
Je t'apprécie davantage que je n'ai su le faire quand tu étais là.

Et j'espère qu'il en est de même pour toi !
Je te garde dans ma mémoire, dans chaque geste accompli.
Je ne peux m'empêcher de sourire en pensant à toi.
Pourtant, quand tu étais là, j'étais loin de toujours m'en réjouir.

Le choix d'aimer

Je crois que je n'aurai plus envie de me séparer de toi.
Quand comprendras-tu à quel point tu m'es devenu nécessaire.
À quel point rien n'est important si on ne peut le partager.
Quand tu reviendras, c'est sûr, j'aurai grandi tant j'aurais appris de ton absence.

Le choix d'aimer

Le sens de la vie

Tu cherches à donner un sens à ta vie, je crois que c'est ce que nous cherchons tous.
Ce n'est pas seulement d'aimer et d'être aimé, mais découvrir que nous sommes tous une parcelle d'éternité.
Trouver un compagnon, faire des enfants, va permettre, de se sentir utile et apprécié, de partager tous les instants.
D'avancer dans la vie sans l'angoisse de la solitude.
De recevoir et de donner l'aide et l'assistance nécessaire à l'équilibre du corps et de l'esprit.
Mais ce ne peut être un but !
Le but d'une existence humaine est plus précieux, plus élevé.
Ceux ou celles qui ne l'ont pas compris risquent fort de ne rencontrer que des désillusions.
Ne vivre souvent qu'en situation de manque ou de dépendance.
Il appartient à chacun de trouver sa voie.
De chercher en lui-même la raison de l'existence en général et la sienne en particulier.
C'est se limiter et se tromper de voie de ne vivre que par et à travers quelqu'un.
L'autre peut certes, nous aider, nous soutenir et

nous apporter beaucoup.
Mais, face à la souffrance physique et morale, face à toutes les interrogations que nous avons chaque jour, nous sommes toujours seuls.
Notre destin n'est celui de personne d'autre.

La force d'affronter les doutes, les interrogations, les remises en question, ne se trouve qu'en nous-mêmes.
Nous devons nous attacher chaque jour à essayer de comprendre ce que nous sommes.
Quel est notre rôle, je dirai même notre mission.
Car nous en avons tous une sur terre.
Et c'est sans doute ce qu'il y a de plus passionnant à découvrir, ce qu'il y a de plus riche à offrir.
Aimer, donner, chaque jour davantage, ne serait-il pas le sens de la vie ?

Le choix d'aimer

LE CHAGRIN

« Au fond du puits il arrive qu'on aperçoive les étoiles »

Proverbe Grec

Disputes

Souvent, pour un mot, un geste, un regard, un motif futile, un coup de fatigue, une saute d'humeur, un souci quelconque, une dispute éclate.
On se dit alors des choses que l'on ne pense pas, ou que l'on n'aurait pas dites en d'autres circonstances.
On reporte sur celui qui est là, sur celui qui nous est le plus proche, la colère, la rancœur que le quotidien nous inspire parfois, ou plus simplement que des évènements extérieurs nous ont causés.
Et c'est finalement celui qui nous est le plus cher, celui avec qui l'on partage tout, qui subit nos foudres souvent injustifiées ou démesurées.

Ne faisons-nous pas alors subir parfois même à nos enfants aussi, notre impatience, notre mécontentement.
Alors qu'ils n'en sont pas la cause ?

Nous en ressortons tous toujours meurtris, culpabilisés, de n'avoir pas su épargner aux autres nos craintes.
De leur avoir infligé les conséquences de nos humeurs.
Plus encore, nous avons le sentiment que la vie ne

vaut plus la peine d'être vécue.
Que rien ne peut jamais aller comme on le voudrait.

Et pourtant, le lendemain, quelques heures plus tard, parfois même quelques minutes, d'épuisés et désabusés, nous nous retrouvons enlacés.

Parce que le chagrin de la dispute nous rappelle ce qui est important.
Nous sensibilise à l'amour que nous éprouvons.
Nous interdit de l'oublier et de le faire passer au second plan.
Nous rappelle ce qui est essentiel.

Je voudrais ne jamais me disputer avec toi.
Mais comme pour l'absence, je m'aperçois qu'après chaque dispute, la douleur que j'ai ressentie m'a permis d'apprendre pour la prochaine fois.
Nous permet de mieux nous entendre, chaque jour davantage :
Par crainte de cette souffrance inutile, et parce que notre seul but sur terre est d'être heureux.

Quelqu'un a dit un jour : « On ne devrait jamais se haïr, on a si peu de temps pour s'aimer ».

Le choix d'aimer

Chagrin d'amour

*La plupart du temps, je suis guidée par l'intuition,
d'être sur ta route pour t'apporter des messages,
t'aider à t'élever et te reconstruire.
Je n'ai donc pas d'états d'âme.*

*Cependant, il m'arrive d'avoir l'impression de
redorer ton blason, pour te permettre d'accepter la
démolition entreprise ailleurs.
J'ai alors un sentiment d'inutilité et d'avoir affaire
à un tel chantier que je n'y suffirai pas.*

*Quelles ressources puises-tu dans mon intervention
et où te mène-t-elle ?
Tu ne parviens pas à te sortir de ton histoire
précédente, que tu savais pourtant désastreuse.
Je souffre de te savoir si malheureux !*

*Je voudrais t'apporter tout le réconfort dont je suis
capable.
Et je suis capable de beaucoup tant que je sais que
je te suis utile.*

*Regarde devant toi !
La compréhension, l'enthousiasme, la sérénité, la
joie de vivre te sont offerts.*

Le choix d'aimer

Face à cette main qui t'est tendue, à ce bonheur inespéré, tu t'enfermes dans ton passé.
Dans une histoire d'amour qui n'en était pas une finalement.
Car l'amour, ce n'est pas une passion irraisonnée, injustifiée ...
Mais la communion mutuelle entre deux êtres, qui se comprennent parfois sans même avoir besoin de se parler.
C'est percevoir à demi-mot les désirs et les besoins de l'autre, les attentes les plus profondes et les plus secrètes.
C'est être touché, ému par ce que l'autre ressent.
C'est ne pouvoir s'empêcher d'ébaucher un sourire à la simple évocation de son prénom ....

Je suis là, si tu le veux, pour te montrer la voie du bonheur.
Le chagrin n'est pas le résultat de l'amour partagé, seulement d'un sentiment qui n'a pu s'accomplir.
Tu n'as donc rien à regretter.

Ouvre les yeux, regarde autour de toi, celui qui t'est offert est lumineux, il ne ressemble pas à ce que tu as vécu.
De la lumière ne peut jaillir que la joie.
Ne t'enferme plus dans la pénombre, tu as toujours le choix.

Le choix d'aimer

Conflits

Je me rassure en me disant que tous les couples se disputent.
C'est sans doute parce que dans une relation amoureuse on y met tout son cœur, toute son âme, toutes ses attentes.
Que chaque mot, chaque geste de l'autre est lourd de sens et de conséquences.
Sans doute ne nous disputerions-nous pas si nous ne nous aimions pas.

Pourtant je voudrais que nous soyons capables, chaque fois que cela arrive, de rester sereins, de rire ou sourire de nos différents ;
Parce que nous savons au fond de nous-mêmes, que nous nous acharnons sur des détails en oubliant ce qui nous unit.

Quand on se dispute toute notre énergie se concentre uniquement à faire du mal à soi-même.
Alors on a besoin que l'autre ait mal aussi !
Et l'on en sort toujours meurtris.

On pense à l'instant, à ce qui nous préoccupe.
On voit l'autre avec de la rancœur, parce qu'il a fait ou pas fait, dit ou pas dit ce que nous aurions

voulu entendre ou lui voir faire.

Nous oublions alors pourquoi nous l'avons choisi.
Les qualités qui nous ont comblés.
L'harmonie et l'alchimie que sont le ciment de notre relation, et qui justifient que nous soyons encore là, ensemble, aujourd'hui.

Je ne veux penser dans ces moments, comme dans tous les autres, qu'à la vision attendrie que j'ai eue de toi dès les premiers instants.
Et qui s'est encore amplifiée quand j'ai pu te connaître et t'apprécier.
Si tu étais capable d'en faire autant, sans doute tomberions-nous dans les bras l'un de l'autre en souriant.

C'est à cela que nous devons aspirer !
À transformer le négatif en positif à chaque instant de notre vie.
Pour que notre relation nous enrichisse.
Nous apporte la paix et le réconfort.
Et trouver ensemble la sérénité.

Malentendu

J'ai toujours pensé que le téléphone était la plus belle invention de l'homme.
Désolé pour mon internaute préféré, mais j'en ai encore confirmation aujourd'hui.
Le malentendu s'est dissipé au téléphone.
Bien qu'il n'y ait pas vraiment de « malentendu », car nous n'avions pas eu le temps de nous entendre.
Je ne te passerai jamais la pommade pour te dire ce que tu as envie d'entendre.
Je te dirai toujours le fond de ma pensée, tout comme je veux connaître le fond de la tienne.
L'avantage de l'écrit sur l'oral, c'est que les écrits restent.
Je vois que tu sais en faire usage puisque tu lis et relis mes mails et mes lettres.
Tu risques bientôt d'en être submergé.
Mais cela aura le mérite de te constituer une bibliothèque, avec un livre qui ne sera écrit que pour toi.

Le mail, selon l'usage que j'ai l'intention d'en faire,
Doit servir à exprimer la profondeur de son âme.
Sinon je préfère le téléphone.

Le choix d'aimer

Je t'ai en direct, j'entends le timbre de ta voix, le ton…..
Je suis rassurée, tu as toujours besoin de moi.

Notre relation est basée sur une réciprocité sans laquelle elle n'existerait pas.
Je n'ai pas l'intention d'éteindre cette lumière dont j'ai besoin.
Mais la lumière comme toutes les énergies, doit être alimentée.
Veille à ce que notre relation reste de qualité, sinon elle ne m'intéressera plus.
Pas plus qu'elle ne présentera un intérêt pour toi.
Cette fois, tu ne m'as pas manqué, car tu m'as raconté trop de bêtises.
Essaye dans ton planning extrêmement chargé de te rendre disponible par téléphone, si tu veux à l'avenir dissiper les malentendus.

Le choix d'aimer

Passion dévorante

Je viens de t'avoir au téléphone et je sais que je n'aurai pas de mail.
Finalement Internet est le meilleur moyen pour ne pas communiquer.
On se met devant sa machine, pour parler avec la terre entière, pendant ce temps, on en oublie de communiquer avec ceux qui sont là à côté de nous.
On ne téléphone pas non plus parce qu'on se dit qu'on va recevoir un mail...

Je vais t'écrire ce que je pense :
Tu te caches derrière ton ordinateur tout comme tu te caches derrière des mots, des théories qui te rassurent et t'évitent de te poser les vraies questions.
Tu dis que tu n'arriveras à te détacher de ton ex que quand tu auras trouvé quelqu'un d'autre ?
Je dis que tu ne trouveras quelqu'un d'autre que quand tu seras détaché.
Une autre, qui que ce soit, ne doit pas être un pansement à tes blessures.
Il te faut d'abord te reconstruire, apprendre à aimer ensuite.
J'avais mal mesuré ton degré de dépendance, car c'est d'abord à toi même que tu caches la réalité.

Le choix d'aimer

Je ne peux pas t'aider si tu ne te préserves pas.

Une passion dévorante, comme son nom l'indique, conduit inévitablement à la destruction.
Il te faut une séparation physique totale, car l'attraction est trop forte.
Quand tu la vois, le remède n'est pas d'essayer de résister, car tu te tortures.
Le seul moyen est d'éviter de la voir.

Ce n'est pas fermé que je t'ai trouvé au téléphone, c'est éteint.
Cette relation que tu gères si bien d'après toi, te perturbe tellement en profondeur, qu'elle influence totalement tes relations avec autrui.
Notre relation était si lumineuse que je croyais que rien ne pourrait l'entraver.
Elle était la source de la lumière que je te diffuse chaque matin, le fruit de l'échange de nos énergies.
Et voilà qu'une passion te dévore ? !

Tu me dis que parce que tu la vois, tu ne pourras plus me lire ….
Tu n'auras plus le temps de t'approcher de ton ordinateur !
Je ne pourrais plus alors t'impulser une énergie que je n'aurai plus.

Avec Internet, on ne peut rien cacher, tu connaîtras donc l'heure de rédaction de mon message.
Eh oui, malgré leur grand âge, et donc leur grande sagesse, même les momies ont parfois des états d'âme.
Je perds comme elles beaucoup d'énergie à t'écrire, si tu ne me la rends pas je vais me dessécher et ne serais plus créative.
Or la vocation d'une momie n'est-elle pas, envers et contre tout, de se conserver pour la postérité ?
Elle devra donc avant tout se consacrer à sa propre conservation.
Car tu auras encore besoin d'elle quand il te faudra te reconstruire.

Séparation

Chaque fois que nous sommes séparés c'est une déchirure !
Je me sens vide, inutile, seule, même entourée.
Et surtout chaque jour me semble une semaine chaque semaine un mois, chaque mois, je n'ose y penser !
Car il ne me serait pas possible de me séparer de toi aussi longtemps !

Et pourtant, en même temps, cet éloignement est parfois nécessaire.
Car c'est cette absence qui me rappelle à quel point ta présence m'est précieuse !

Quand nous nous voyons tous les jours, nous en oublions trop souvent le simple bonheur d'être ensemble cela nous pèse même parfois.

Trop de gens n'apprécient vraiment ceux qui vivent auprès d'eux que quand ils les ont perdus !
Pourquoi la nature humaine est-elle ainsi faîte, que nous ne comprenons les choses que trop tard ?
Que nous avons besoin d'épreuves pour comprendre ?
Je dirai même pour nous élever !

Le choix d'aimer

*Nous ne rêvons que d'être heureux et quand nous le sommes nous ne savons pas suffisamment l'apprécier
Nous nous préoccupons souvent de détails et nous en oublions l'essentiel.*

Quand je suis loin de toi, mon esprit et tous mes sens se recentrent alors sur la seule chose au monde qui soit importante : Aimer.

Rupture

Voilà, c'est fini !
Finis à la fois tout ce bonheur et toutes ces larmes.
Il me faut aujourd'hui réapprendre à vivre seule.
À me retrouver parce que je t'ai perdu.
Pourquoi, comment, en sommes-nous arrivés là ?
Si encore il y avait des motifs, graves, je veux dire !
Bien sûr, c'est la vie, je sais.
Rien n'est éternel ni définitif en ce monde.

Avec tout ce qui s'est passé.
Tout ce qu'il nous a fallu supporter toi comme moi,
à la fois des agressions de l'extérieur, et de nos
propres disputes.
Tous ces malentendus, tous ces moments où nous
n'avons pas su communiquer.
Il fallait bien s'y attendre !
Sans doute, mais s'y attendre ce n'est pas le vivre.

Une rupture, c'est bien plus que te perdre.
Et te perdre c'était déjà plus que tout.
C'est au-delà de l'imaginable et du supportable ....
Toi qui m'es le plus proche, le plus intime, le plus
nécessaire, je perdre, c'est perdre mes repères, mon
quotidien.
C'est devoir repenser toute ma vie,

Le choix d'aimer

C'est renoncer à mes rêves,
C'est me retrouver avec mon échec.
L'échec dans ce qui m'était essentiel.....
Me retrouver face au vide, non seulement de ton absence, mais aussi du sentiment de n'avoir plus de but.
Le vide de la maison, et celui de mon cœur.

Quand je mesure tout ce que je perds,
Je me demande, « comment » quand tu étais là j'ai pu parfois chercher querelle, pour un mot, un geste, une futilité au regard de l'enjeu béni qu'était ta présence.
Pourquoi je me suis attachée à des choses sans importance.
Pour avoir raison ou simplement, parce que les préoccupations quotidiennes nous font oublier l'essentiel.
J'ai parfois oublié d'apprécier le bonheur de t'avoir près de moi.

Aujourd'hui chaque seconde me pèse.
Chaque jour m'est insupportable.
Rien ne peut me consoler.
Je ne sais plus ce que je fais,
Je n'entends plus ceux qui me parlent,
Je ne vois plus ceux qui m'entourent,

Le choix d'aimer

Il me faut me retrouver, car finalement je n'aurai jamais dû me perdre, dans cet amour que j'avais pour toi.
Car c'est en me perdant que je t'ai sans doute perdu aussi.
Aurais-je dû rester indépendante, ne continuer à vivre que pour moi ?
Quoi que je fasse, je suppose que ça devait finir ainsi.
Je refuse de renoncer, à toi il le faudra !
Mais pas à t'aimer.
Car sur ce qu'il y a au fond de mon cœur, tu n'as aucun pouvoir, aucune connaissance.
Continuer à aimer, c'est rester vivante et vibrante.
C'est de cela dont j'ai besoin pour respirer tous les jours.
Tu ne pourras pas me l'enlever.

C'est ainsi que de cet espoir dans mon cœur renaîtra l'amour avec toi je l'espère, ou avec un autre s'il le faut.
Pourvu que mes jours retrouvent la lumière et mes nuits la sérénité.

Le choix d'aimer

Le choix d'aimer

LE RÉCONFORT

« Hier est derrière, demain est mystère et aujourd'hui est un cadeau, c'est pour cela qu'on l'appelle le présent ».

Maître de Kung Fu Oogway

L'interprétation des signes

Tu m'as demandé de t'apprendre à interpréter les signes ou d'interpréter les signes pour toi.
L'interprétation des signes existe depuis la nuit des temps, dans toutes les cultures, toutes les civilisations, toutes les religions.
Elle consiste à se mettre en harmonie avec l'univers, au diapason avec ce qui t'entoure et te permettre ainsi de suivre ta voie.
Il n'est pas simple cependant d'interpréter les signes de façon claire et précise et je ne crois pas savoir le faire.

Il y a toutefois des règles d'or très simples à comprendre, et à appliquer :
Ne jamais faire ce qui va à l'encontre des signes.
Quand on ne sait pas ce que l'on doit faire, être attentif à ce qui se passe autour de nous, à ce qui se présente, à la façon dont cela se présente pour comprendre alors comment agir.

Tu as déjà dû constater souvent que la plupart des choses qui ne devaient pas se faire étaient contrariées par tout un ensemble d'éléments.
Et que celles qui devaient se faire, étaient amenées par tout un concours de circonstances,

Le choix d'aimer

*qui pourtant ne correspondaient pas ni à tes désirs.
Ni à tes choix ?*

*Chaque fois que tu t'es obstiné dans un mauvais
choix, tu as eu le libre arbitre, mais s'applique
alors une loi universelle de cause à effet telle, que
tu n'obtiens alors que le résultat de tes choix.*

*Si tu t'obstines encore alors que tu sais le résultat
désastreux, tu ne peux que t'enfoncer jusqu'à ce
qu'enfin tu écoutes les signes qui te ramèneront sur
la voie qui est la tienne et que tu as négligée.
Tu crois que le destin va t'offrir la solution alors
que tu fais le mauvais choix ?*

*Tu n'utilises ni ton intelligence, ni ta volonté, ni ton
instinct de survie pour influer sur ta propre vie.
Et tu crois que quelque chose ou quelqu'un va le
faire à ta place ! ?
Comme dit le proverbe : « Aide-toi et le ciel
t'aidera ! »
Je rajouterai, mais le ciel ne t'aidera pas malgré
toi.
Il t'a déjà envoyé des signes et tu le sais !
Et ils ont été forts, tellement forts, qu'ils se sont
matérialisés sous la forme de plusieurs personnes
qui t'ont accordé une disponibilité, une écoute, que
tu ne retrouveras plus.*

Ces rencontres ont eu lieu pour te mettre sur la voie et te donner la force de t'écarter du chemin bourbeux où tu t'enfonçais.

Malgré cela tu as replongé, te croyant, grâce à eux, plus fort pour affronter à nouveau les abîmes dans lesquels tu étais.
Mieux encore, (ou plutôt pire devrais- je dire), tu as cru que grâce à ce nouveau souffle tu pourrais te réinvestir dans cette relation.

Te voilà prêt à revivre à nouveau l'enfer pour le mélanger avec le paradis qui t'a été offert !
Et tu voudrais encore que je te donne ma bénédiction !
Mais je ne suis pas là pour ça !
Je suis là parce que tu n'es pas suffisamment éveillé pour comprendre tout seul.
Parce que tu es trop fragilisé pour réagir.
Trop dépendant de ta passion pour t'en sortir seul.
Parce que les signes ne te parlent pas et qu'il te faut quelqu'un pour te les traduire.
Parce que j'ai vécu tout cela avant toi et que j'ai appris…
Pour t'aider aussi au fur et à mesure que tu vas comprendre.
Pour être là tout simplement, en te montrant par ma seule existence qu'il y a d'autres voies possibles.

Il n'y a pas eu de problème entre toi et moi.
Tu as un problème avec toi même, avec tes propres contradictions.
Et surtout tu as eu la révélation que ta passion dévorante t'enlève toute possibilité d'ouverture vers quelqu'un d'autre.
Ou plutôt c'est moi qui ai eu cette révélation, car toi, pour l'instant, tu refuses de l'admettre.
Tu sais au fond de toi que j'ai raison, il n'y a pas de hasard.
Il ne te reste plus qu'à accepter qu'en toutes choses l'amour ne doit être que constructif.
Ce n'est qu'ensuite que tu écouteras et sauras interpréter les signes !

Te reconstruire

Tu me demandes de t'aider à te reconstruire.
Je te l'ai dit, c'est une entreprise pharaonique.
Pourvu que j'aie la force et l'énergie nécessaire pour mener à bien cette tâche.
Mais, j'ai confiance, je n'ai pas à choisir, je sais que je suis là pour cela.
Ce que je t'écris chaque jour relève déjà du prodige.
Je n'ai même pas à réfléchir.
Le destin met tous les jours sur ta route des choses à comprendre, des choses qui te sont imposées et des choix.
La compréhension des événements vient avec l'éveil de ton esprit.
L'acceptation de ce que tu ne peux pas changer, vient avec l'éveil de ton âme.
Ton libre arbitre est ta marge de manœuvre et il est très limité.
Car tu as des choses à faire sur terre qui ne dépendent pas de toi.
Quand tu laisses aller, quand tu lâches prise ce que tu veux et qui n'est pas pour toi, alors tu en ressors grandi.

Je t'aiderai, il y a des solutions.

*Je les connais, mais je n'ai pas à t'en parler.
Elles doivent d'abord être » tes » solutions.
Il y a toujours des solutions, pas forcément
immédiates et parfois douloureuses.
Pas forcément non plus celles que tu imagines ou
que tu désires.
C'est avant tout en toi même que tu trouveras la
force de renoncer à ce que tu ne peux pas obtenir.*

*Ensuite, tu te demanderas même comment tu as pu
être aussi vulnérable.
Je suis prête à mettre en œuvre tout ce qui est en
mon pouvoir pour que tu y parviennes.
Et mon pouvoir est grand, car ce n'est pas moi qui
décide.
Si on m'a mis sur ta route pour t'aider, c'est sans
doute que tu le mérites, alors je ne peux que réussir.*

Le choix d'aimer

Tu vas guérir

Je trouve plutôt bien le fait que tu vives une passion.
C'est la preuve que tu es capable d'aimer, et c'est donc beaucoup moins grave que de n'aimer personne.
C'est seulement la nature des soins qu'il faut te prodiguer qui est différente, mais le terrain est bon !
Non, ce qui m'inquiète ce sont les conséquences ;
Le fait que tu en perdes ton équilibre, ta confiance en toi, ton amour propre !
Mais ce n'est pas tout !
Il me semble que tu en as déjà perdu tes capacités de travail.
Mais le pire est encore à venir, tu vas en perdre ta créativité.
Et là, tu auras perdu toute ta substance, l'essentiel de ce que tu es encore aujourd'hui.

Sans doute ce purgatoire faisait-il partie de ton chemin.
Si tu n'y renonces pas, il te conduira jusqu'aux conséquences de tes choix désastreux :
La descente aux enfers.
Ce n'est probablement que quand tu seras au fond,

que seul ton instinct de survie te commandera de renoncer.
Tu le sais, tu l'as compris intellectuellement, mais tu le refuses viscéralement.

Chacun sait ce qu'est » aimer ».
Ceux qui ne le savent pas sont démunis de ce qui est essentiel à la nature humaine et à ses aspirations les plus élevées.
Je comprends qu'il te semble impossible de parvenir à renoncer.

C'est une des douleurs les plus difficilement supportables que l'on puisse vivre.
Pourtant, tous les jours autour de toi, à chaque milli secondes, des êtres s'aiment et se séparent.
Chacun, tous, passent par les mêmes affres que toi.
Tous croient qu'ils n'y arriveront jamais !
Chaque minute est longue et lourde.
Chaque fois que l'on croit avoir gagné le combat la douleur revient, plus intense et plus vive, une semaine de vide semble une éternité.
On se dit qu'il vaut mieux accepter tout et n'importe quoi plutôt que de continuer à vivre cette frustration !
On y arrive pourtant, car l'instinct de survie oblige la vie à reprendre son cours.
C'est le même deuil qu'un décès, c'est même parfois

plus difficile.
Car un décès l'on n'a pas d'autre choix que de l'accepter ;
Tandis que là, on croit avoir le choix et la tentation de replonger est quasi journalière.

Mais on guérit ! Comme on guérit des plaies les plus profondes.
Alors on s'aperçoit que la vie est belle, merveilleusement simple.
On ne comprend même plus comment on a pu se faire autant de mal à soi- même, s'aimer aussi peu ?
Comment on a pu oublier le plaisir intense de respirer et de voir clair.
Ce n'est pas une vie absente d'émotions, c'est une vie ou l'émotion est moins intense parce que moins douloureuse.
Plus épanouissante parce qu'elle est sans conséquence, qu'elle n'entraîne pas avec elle tout un lot de déchirements et de compromis.
Plus enrichissante aussi, car elle peut naître de rien, d'un mot, d'un signe,
et te nourrir d'enseignements qui ne t'apporteront que des bienfaits.

Tu vas guérir !
Parce que tu le veux, parce que tu sais qu'il le faut !

Le choix d'aimer

Parce qu'on a mis sur ta route les moyens de ta guérison !
Parce que tu sais qu'ils sont là !
Tu refuses de les voir, de les entendre, mais tu sens confusément que tu as besoin d'eux.

Quand tu seras guéri, alors seulement, tu pourras t'ouvrir à autrui.
Tu verras avec acuité ce qui est bon pour toi.
Cela ne correspondra pas forcément à ce que tu veux, mais à ce que tu auras compris par l'expérience de ta souffrance.
La souffrance n'est pas nécessaire à l'homme pour s'élever, mais elle lui est utile.

Ce n'est que confronté à cette situation que tu dois mobiliser le meilleur de toi même.
Tu as toujours le choix de te dépasser ou de t'enfoncer.
Tu feras le bon choix parce que tu as les armes qu'il faut pour te battre :
Le corps, l'âme et l'esprit.
L'esprit et le corps peuvent être parfois en contradiction, mais c'est l'âme qui commande.
Cette partie de toi que tu ne connais pas, ne vois pas, ne maîtrise pas et décide pourtant de ce que tu es.

Le choix d'aimer

Tu vas guérir parce que je suis là pour te le dire, et parce que je compte bien être aussi l'instrument de ta guérison.

Force

*Ce qui fait notre force aujourd'hui c'est
précisément notre souffrance.
Celle à laquelle nous sommes confrontés tout au
long de notre vie qui a fait de moi ce que je suis,
parce qu'elle qui m'a tout appris.
Quand j'étais adolescente, je me croyais mûre.
Je croyais tout savoir, j'allais donner des leçons à
la terre entière.
Et puis j'ai appris l'humilité.
J'ai compris que je ne pouvais qu'accepter ce que
je ne pouvais pas empêcher.
Que je ne pouvais que renoncer à ce que je ne
pouvais pas avoir.
Que mon seul choix était celui-là, que c'était aussi
le plus grand enseignement !*

*Il me fallait cesser de désirer ce qui ne
m'appartenait pas.
Cesser d'accorder de l'importance à des choses
futiles, discerner ce qui est important.
Ne plus chercher querelle pour un geste ou un mot.
Découvrir la tolérance.
Accepter les différences et m'en enrichir.
Apprendre d'autrui et de tout ce qui m'entoure.
Être attentive aux autres et à chaque événement.*

Le choix d'aimer

Comprendre que je ne pouvais récolter que ce que j'avais semé.
Percevoir dans l'univers une Loi universelle qui n'épargne personne et m'y soumettre !

Après toutes ces privations, ces acceptations, ces renonciations, ce long cheminement qui prend parfois toute une vie.
J'ai trouvé l'illumination....

Et quand on devient un être éclairé, moins que quiconque, on ne peut se permettre les erreurs commises avant d'avoir compris.
Car l'on ne peut revenir en arrière.
On ne peut faire semblant de ne pas savoir ;
On payerait beaucoup plus cher ses erreurs.

Mais la vie devient plus douce, plus évidente, les choix plus faciles.
On est confiant, car plus rien ne peut nous arriver.
Ce n'est pas que plus rien ne nous touche c'est que désormais l'on ne peut plus se tromper.

On a appris à rire de tout, y compris de soi-même.
Tout devient clair,
On donne aux autres le sentiment d'être au-dessus de tout.
Et bien que ce ne soit pas le cas, on sait désormais

Le choix d'aimer

que plus rien ne peut nous atteindre.

*Il n'existe en réalité que deux sentiments :
L'Amour et la peur, je me le dis toujours.
Notre libre arbitre est de faire le choix à tout instant entre ces deux sentiments.
Du choix de l'amour en toutes circonstances vont découler tous les autres sentiments positifs :
La confiance, l'enthousiasme, la joie de vivre, le sentiment de justice…..
Du choix de la peur en toutes circonstances vont découler tous les sentiments négatifs :
La méfiance, la dépression, la jalousie, la culpabilité et tant d'autres sentiments encore qui nous paralysent sur la voie du bonheur.*

*La vie est un jeu.
Il faut en comprendre les règles et le sens après, il ne suffit pas d'essayer d'y croire
Il faut s'armer de certitudes et l'on devient alors inébranlable !*

Remerciement

Merci d'avoir dit que je ne méritais pas ce qui m'arrive.
Mais peut-être ai-je mérité justement de prendre conscience de ce que je suis, et n'aurais jamais dû cesser d'être ?
Je méritais d'apprendre enfin, que je mérite mieux !
On mérite toujours ce qu'il y a de mieux, et on ne doit jamais l'oublier !
Il faut cesser d'aimer autrui plus que soi-même.
Cesser d'aimer passionnément, apprendre à s'aimer davantage, et surtout à être en droit d'attendre une réciprocité en retour.

En vouant sa vie à l'amour des autres, c'est toujours dans sa chair qu'on le paye.
Mais c'est grâce à cela que l'on découvre ce qui est essentiel.
Tout naturellement je me suis tournée vers toi, car tu avais perçu le plus profond de mon âme, et en prenait la pleine mesure.
C'est à travers le regard des autres que l'on se découvre soi-même.
C'est dans l'amitié, dans une main tendue, que l'on perçoit alors, étrangement, le sens de nos propres vies.

Le choix d'aimer

Car trop souvent l'on s'égare, emportés par nos émotions, submergés par nos doutes, affolés par nos craintes.
Un regard extérieur est alors un éclairage, le seul possible.
Nous avons tant besoin, tous, les uns des autres….
Merci de t'être penché sur moi comme personne n'a su, ou plutôt n'a voulu le faire ;
Car nous sommes tous éloignés par des préoccupations futiles.
Et oublions ainsi, chaque jour davantage, que le seul bonheur terrestre possible est la fraternité et le partage dans l'amour.

Le choix d'aimer

S'aimer chaque jour davantage

Quand je pense aujourd'hui à ce temps passé ensemble.
À ces jours, ces nuits, ces années, je me dis banalement que c'est passé trop vite.
Tout passe toujours trop vite quand on est heureux !

Pourtant cela n'a pas toujours été facile.
Loin, très loin de là !
J'ai passé des nuits à pleurer ou à penser à ce qu'il faudrait faire, à ce que j'ai fait ou ne pas fait.
À espérer aussi, à attendre souvent, à y croire toujours !

Car malgré tous les doutes, les incompréhensions, j'ai toujours su voir en toi l'amour que j'avais besoin de vivre.
Je t'ai parfois étouffé de ma présence, effrayé de mes attentions.
Je n'ai pas toujours été à la hauteur de tes attentes.
Je t'ai parfois déçu comme j'ai pu l'être.
Mais toujours, envers et contre tout, et même s'il était parfois injustifié, j'ai su que cet amour était ma nourriture de chaque jour.
Qu'il me renforçait au plus profond de moi-même.
Qu'il me permettait de grandir chaque jour

davantage.
Et que sans lui, sans toi, ma vie n'avait plus de sens !

Je ne peux donc que te remercier, d'avoir nourri ces pages que tu m'as inspirées.
Elles ne sont finalement que l'expression des sentiments que tu m'as fait découvrir.
Pour ce que je suis aujourd'hui grâce à toi, merci.

Sérénité

Quand je suis avec toi, mon bonheur est complet.
Pourtant, il nous faut apprendre à vivre seuls.
On naît seul, on meurt seul.
La vie nous oblige toujours à des séparations.

Il nous faut trouver en nous-mêmes les ressources,
qui nous permettront d'affronter les moments
difficiles de l'existence.
Il ne faut pas attendre de l'autre qu'il nous porte et
nous soutienne, il faut s'atteler à construire sa
propre force.
Tirer ses propres enseignements de ce qui nous
arrive.
Adapter ses comportements aux circonstances.
Afin de sortir grandi malgré tout, des épreuves qui
nous attendent.

Ce n'est qu'après avoir trouvé son propre
équilibre.
Qu'après être avant tout en accord avec soi- même,
que l'on peut aider les autres.
Et trouver l'harmonie avec eux.
Comment peut-on espérer construire un édifice
solide, si ses bases sont fragiles ?

Le choix d'aimer

Si j'attends la force de toi.
Où si je suis seule à te l'insuffler, nous allons très vite manquer de souffle.
Chacun prendra l'énergie de l'autre.
La flamme s'éteindra faute de nourriture.

Tandis que si nous apprenons à ne nous donner que le meilleur, il ne peut qu'en jaillir la lumière.
C'est dans une relation lumineuse que naît le bonheur complet.
Mais c'est un travail de tous les instants, qui exige de ne jamais perdre de vue ses objectifs.
C'est pourquoi ta présence m'est aussi nécessaire.

Ce n'est pas pour m'apporter un bonheur que j'attends passivement, c'est pour que chaque jour nous nous construisions mutuellement
À deux, n'est-on pas toujours plus forts ?
Et à quoi cela sert-il de construire son propre bonheur si l'on ne peut le partager ?

Le choix d'aimer

> « *Tout le monde a une mission dans la vie…*
> *Un don unique ou un talent spécial à offrir à autrui.*
> *Lorsque nous mettons ce talent particulier au service des autres, nous connaissons l'extase*
> *et l'exaltation de notre propre esprit qui est le but ultime de tous les buts.* »
>
> *Dtr Deepak Chopra*

Conception :

www.xavierlassus-innovation.space

www.ingramcontent.com/pod-product-compliance
Lightning Source LLC
Chambersburg PA
CBHW061450040426
42450CB00007B/1298